LE THÉATRE
DES
JEUNES AUTEURS
ET
COMPOSITEURS

Sursum corda!

Prix : 50 centimes

PARIS
LIBRAIRIE CENTRALE
24, boulevard des Italiens
—
1863

LE
THÉATRE
DES
JEUNES AUTEURS
ET
COMPOSITEURS

Sursum corda!

Prix : 50 centimes

PARIS
LIBRAIRIE CENTRALE
24, boulevard des Italiens

1863

Placé, faute d'espace, à la dernière page d'un journal, *le Boulevard*, imprimé en petits caractères, édité le 31 mai, jour des élections et resserré dans les limites étroites d'un article, ce travail devait, avec des chances si contraires, rester ignoré de la plupart de ceux qu'il intéresse.

Il a paru mériter, par son objet, une publicité plus efficace.

Le voici donc, complété, et reproduit en brochure, aux dépens de son auteur.

Les honnêtes gens jugeront si cette publication est faite par la vanité de l'écrivain ou par un sentiment de confraternité.

   E. A. D.

A LEURS MAJESTÉS

L'EMPEREUR

ET

L'IMPÉRATRICE

A LEURS EXCELLENCES

Monsieur le comte Waleski ;

Monsieur le comte de Persigny.

A Messieurs le duc de Morny ;
   le prince Poniatowski ;
   Mocquard, sénateur ;
   Camille Doucet.

AUX ASSOCIATIONS

DES AUTEURS ET COMPOSITEURS DRAMATIQUES

DES GENS DE LETTRES

DES ARTISTES DRAMATIQUES

AUX COMITÉS

A Monsieur le baron Taylor

A Messieurs E. Legouvé, V. Séjour, Paul Féval, Auber, E. Augier,

Dennery, Laya, Maquet, Th. Barrière, Grisar,

Sardou, E. About, F. David, Gounod,

A. Maillart, Victor Massé.

A LA PRESSE

A L'ARISTOCRATIE, AUX MILLIONS, A L'INTELLIGENCE.

LE THÉATRE

DES

JEUNES AUTEURS ET COMPOSITEURS

In principio, et nunc, et semper.

I

Il s'agit de mener à bien une entreprise hardie sans doute, et assurément difficile et très-nouvelle ; mais qui a le rare avantage d'être à la fois utile, honorable et possible.

Je viens poser *de nouveau* la question du THÉATRE DES JEUNES AUTEURS ET COMPOSITEURS, avec l'espoir d'apporter cette fois une solution.

II

Permettez-moi de rappeler que, *depuis trois ans*, je soutiens cette thèse avec plus de persévérance que d'éclat, au milieu des projets en l'air, des prétentions irréfléchies et des vaines discussions, qui ont néanmoins trouvé plus d'écho que mes modestes et consciencieuses études.

La raison se fait mal écouter : elle n'est pas assez bruyante. Qui *raisonne* ne *résonne* point, et les oreilles du public aiment la grosse caisse.

III

J'ai ouvert ma première tranchée, *au mois d'août* 1860, par un article intitulé Les Princes du Théâtre et le Théâtre des Princes, auquel le *Figaro* fit les honneurs de sa publicité.

J'ai creusé la seconde, *au mois de janvier* 1861, par un autre article *A propos des massacres de Syrie, réflexions sur les jeux scéniques de quelques hauts personnages*, également destiné au *Figaro*, qui jugea prudent de ne pas l'insérer, tout en me motivant son refus. L'article devint brochure et fut remarqué, malgré le silence presque général des journaux.

Enfin mon dernier travail de siége a été une série de lettres adressées à S. Exc. le ministre d'État, par l'entremise de M. Camille Doucet, sous ce titre de THÉATRE DES JEUNES AUTEURS.

Ces lettres, formant un mémoire complet et soigneusement rédigé, parurent, *au mois de novembre* 1861, dans un tout petit journal *Le Corsaire*, mort depuis... de la mort ordinaire : le manque d'argent.

A l'exception du *Tintamarre*, nul confrère ne daigna prêter attention et appui à une tentative loyale, sérieuse, intéressante.

L'idée était évidemment bonne, mais elle était... d'un autre ! Donc aucun des chers petits camarades n'en voulut parler. Cette pitoyable raison sera, paraît-il, toujours décisive.

J'ai hâte de déclarer que M. Camille Doucet ne fut pas sourd à mon appel. Il voulut bien m'inviter à le venir voir, examina mes plans, encouragea mes efforts... mais ajourna la question.

IV

De tout cela, il résulta ce que je n'avais ni souhaité, ni espéré.

Par un concours de circonstances inutiles à rappeler, je fus nommé le 20 janvier 1862, directeur du *Petit Théâtre des Champs-Élysées*.

Comment et pourquoi ai-je, en septembre dernier, quitté cette direction, — qui fut pendant huit mois le bagne de mon intelligence et de ma dignité, grâce à l'associée que j'ai dû subir, et qu'on laisse aujourd'hui continuer seule ses exercices... variés ? — Ce n'est pas le moment de le raconter.

Il y a temps pour tout.

Bref, condamné depuis neuf mois à l'inaction, pour endormir chagrins, souffrances et colères, j'ai repris mon siége interrompu et je viens aujourd'hui donner l'assaut.

V

Je m'y décide après les lettres curieuses échangées entre MM. Enfantin et Péreire, au sujet du *Crédit intellectuel*.

La presse s'est montrée bien froide dans ce débat.

Au reste, M. Enfantin a commis la faute d'être long, ténébreux, dogmatique, dans l'exposé de ses idées.

Quelques bonnes et pratiques réflexions, qui auraient suffi, ont dû passer inaperçues dans ce fatras symbolique et humanitaire.

Entre autres créations, il a proposé comme annexe du *Crédit intellectuel* :

« *Une salle d'audition d'œuvres littéraires, dramatiques et lyriques inédites.* »

VI

J'ai proposé et je propose, sans me décourager, mieux que cela :

Un *vrai théâtre* organisé, ouvert au *vrai public*, et devenant une *véritable affaire*.

Là :

Les *auteurs*, dédaignés ailleurs, porteront leurs pièces et les verront jouer, — *si elles ont positivement une valeur ;*

Les *compositeurs* entendront leur musique, — *si elle est réellement bien faite ;*

Les *artistes* seront patronnés, formés, et auront leur part au succès, — *s'il leur est reconnu du zèle et du talent.*

Sauver le mérite qui végète et *convaincre d'impuissance la médiocrité qui déclame*, en leur donnant *l'air et la lumière*, qui ranimeront l'un et détruiront l'autre, voilà le *double* but, le *double* résultat, sur lesquels je ne saurais trop insister.

VII

Pour créer ce théâtre, il faut louer une salle, acheter un matériel, etc., c'est-à-dire *qu'il faut de l'argent*.

Il faut aussi, et avant tout, le concours de l'autorité supérieure, celui des maréchaux des lettres et de l'art, et celui du public...

Mais j'ai trop de foi dans la bienveillance des uns, dans le dévouement des autres et dans l'intelligence de tous pour mettre même en question ce concours *tout moral*.

La question d'argent reste donc seule à vider. Eh bien ! cela est très-facile.

Il n'y faut qu'un peu de bon vouloir.

Voici ce que j'ai demandé au gouvernement de l'Empereur la permission de faire :

VIII

UNE GRANDE LOTERIE

POUR

L'ÉTABLISSEMENT A PARIS

D'UN

THÉATRE DES JEUNES AUTEURS ET COMPOSITEURS

CAPITAL : UN MILLION

Divisé en quatre millions de billets à **25** centimes

Cette Loterie ne pourra être vendue ni cédée à l'exploitation privée

COMBINAISON

1° Frais divers de la Loterie évalués à. . . .		250,000 fr.
2° Un gros lot, en argent, de 100,000 fr.	⎫	
Quatre lots — de 25,000 fr.	⎬	250,000 fr.
Neuf lots — de 5,000 fr.		
Cinquante lots — de 100 fr.	⎭	
Total général. . . .		500,000 fr.

Resteront acquis à l'opération : 500,000 francs.

Ces 500,000 francs seront divisés en 5,000 *obligations de 100 francs* chacune, au porteur, donnant droit :

1° A l'intérêt légal ;

2° Au remboursement dans un délai de ..... par tirages au sort, de six mois en six mois, avec primes, comme cela a lieu pour les obligations de la Ville.

Et ces 5,000 obligations formeront cinq mille autres lots à joindre aux lots en espèces.

Enfin, le théâtre constitué, *tout porteur d'un billet de la loterie aura droit*, quelles qu'aient été pour lui les chances des tirages, — *en remettant au contrôle son billet de 25 centimes,* — *à ne payer que moitié prix de la place prise par lui au bureau.*

Donc,

IL Y AURA GAIN POUR TOUS LES BILLETS DE LA LOTERIE.

Que sera, en réalité, cette loterie? Un emprunt au public sur des bases très-simples et très-honnêtes.

Vous avez le *Prêt de l'enfance au travail.*

Vous aurez le *prêt de M. Tout le monde aux apprentis du Théâtre.*

Et, en faisant une bonne action, M. Tout le monde peut faire une excellente affaire.

LA LOTERIE AURA QUATRE TIRAGES :

Pour le premier : Un lot de 25,000 fr. — Un lot de 5,000 fr. — Dix lots de 100 fr. (*espèces*). — 500 obligations de 100 fr.

Pour le second : Un lot de 25,000 fr. — Deux lots de 5,000 fr. — Dix lots de 100 fr. (*espèces*). — 1,000 obligations de 100 fr.

Pour le troisième : Un lot de 25,000 fr. — Trois lots de 5,000 fr. — Dix lots de 100 fr. (*espèces*). — 1,500 obligations de 100 fr.

Pour le quatrième et dernier :

Le gros lot de 100,000 fr.
Un lot de 25,000 fr.
Trois lots de 5,000 fr.
Vingt lots de 100 fr.
} *espèces.*

Deux mille obligations de 100 fr.

La loterie sera placée sous le PATRONAGE et sous la SURVEILLANCE :

Du Ministère d'État ;

De la Préfecture de la Seine ;

De la Préfecture de police ;

Des trois Associations des Auteurs et Compositeurs, des Gens de lettres, et des Artistes dramatiques.

Les lots acquis à la loterie et les sommes économisées sur les frais d'exploitation feront retour à l'entreprise et grossiront son fonds de 500,000 fr.

Le produit des billets placés sera déposé à la Banque de France.

La comptabilité de la loterie sera tenue par les agents de la Société des Auteurs et Compositeurs, etc.

Voilà, d'une façon sommaire, qui ouvre le champ aux observations et aux améliorations, les bases nouvelles et rassurantes de cette loterie.

IX

Mais que sera ce *Théâtre des jeunes Auteurs ?*

Quelle organisation solide lui sera donnée ?

C'est à une commission, prise dans le ministère d'État, dans les deux Préfectures et dans les trois Sociétés à préparer ce travail.

Toutefois il est permis d'émettre à ce sujet quelques idées premières :

1. Le théâtre sera construit par la Ville ou par un particulier, moyennant un loyer de 60,000 fr. au plus.

2. Il devra pouvoir faire une recette maximum de 3,500 à 4,000 fr. en places de 4 fr. à 50 centimes.

3. Il espérera quelques concessions soit de l'État, soit de la Ville, sans prétendre à une subvention.

4. Il importe que le *Directeur* ne soit qu'un **administrateur à traitement fixe**, avec une part dans les bénéfices, pour que l'entreprise ne soit pas détournée de sa destination première et ne puisse jamais devenir une spéculation commerciale ni personnelle.

5. L'emploi de ces bénéfices devra être l'objet d'une réglementation savante et libérale.

6. Le théâtre jouera :
Les jeunes auteurs et compositeurs ;
Les auteurs morts dont les œuvres n'appartiennent pas au répertoire dit classique ;
Les pièces d'auteurs vivants consacrées par le temps et le succès et abandonnées par les autres scènes ;
Les auteurs-amateurs, hauts fonctionnaires, grands seigneurs et princes du million ;
Les cantates et les premières œuvres des grands prix de l'Institut.

7. Il donnera des représentations extraordinaires, à bénéfice, etc.

8. Ses genres seront :
Le vaudeville,
La comédie (en prose et en vers),
Le drame (id.),
L'opérette,
L'opéra-comique (jusqu'à deux actes),
Et des intermèdes de musique, de danse et de chant.
Les pièces ne devront jamais être de simples exhibitions de décors, de costumes et de femmes.

9. La troupe se composera :
D'acteurs en représentations,
D'acteurs engagés,
D'acteurs touchant des feux,
D'acteurs-élèves.

10. Les droits d'auteur pourront être :
De 6 pour 100 pour dix représentations,
De 7 pour 100 au-dessus de dix,
De 8 pour 100 au-dessus de vingt,
De 5 pour 100 pour les reprises.

Il y aura un système de primes ; les unes de *réception*, les autres de *représentation*.

11. La lecture des manuscrits sera soigneusement organisée :
Cinq examinateurs rétribués, trois pour les pièces, deux pour la musique, en seront chargés.
Pour suffire à ces frais, il y aura un droit de 2 fr. pour lecture d'un manuscrit en un acte ;
De 3 fr. pour ceux en deux actes,
De 5 fr. à partir de trois actes.

12. Aux *examinateurs* succédera, pour les manuscrits retenus, un *Comité de lecture*, qui renverra les manuscrits jugés admissibles au *Comité de réception*.

13. Le théâtre aura une commission de perfectionnement et de surveillance, composée de sommités administratives, littéraires, sociales, etc.

14. Le directeur-administrateur sera tenu de publier dans les journaux un état mensuel, visé et approuvé, des travaux et de la situation du théâtre.

15. Après le remboursement des cinq mille obligations de 100 francs émises par la loterie, il sera fait une liquidation et un inventaire qui établiront l'actif du théâtre, et le diviseront en un certain nombre d'actions de jouissance, qui seront attribuées, au fur et à mesure, et dans des formes déterminées :

1° Aux Sociétés des Auteurs, des Gens de lettres et des Artistes;

2° Aux auteurs d'*œuvres inédites* jouées par le théâtre depuis sa fondation;

3° A tous ceux qui auront concouru à son administration et à sa réussite.

Telles sont, *grosso modo*, les conditions d'existence et d'exploitation du *Théâtre des jeunes Auteurs et Compositeurs*.

Et que chacun se fasse un devoir de publier les idées complémentaires ou meilleures que l'étude du sujet et la connaissance de la matière pourront lui suggérer.

X

Je termine.

Personne ne niera l'intérêt, l'utilité, la possibilité de réalisation de ce projet d'un *Théâtre des jeunes Auteurs*.

C'est à tous ceux que l'affaire touche de devenir ses patrons et ses avocats.

Je m'adresse avec les plus vives instances :

A M. le comte de Persigny, ministre de l'intérieur; à M. le comte Waleski, ministre d'État, auxquels j'ai régulièrement fait ma demande;

A MM. le duc de Morny, le prince Poniatowski, Mocquard, Camille Doucet, le baron Taylor...

Au nouveau comité administratif de la société des auteurs et compositeurs.

A MM. Legouvé, V. Séjour, Dennery, Laya, Maquet, Barrière, Sardou Gounod, About, Sarcey, et tant d'autres;

Aux grands noms de l'aristocratie, de la finance, des arts, de l'industrie;

A nos journalistes, grands, moyens et petits, — car je crois fermement, comme M. Enfantin, à la puissance, — et j'ajoute à la légitimité, — de propagande qui réside dans la presse;

A tous mes jeunes confrères de la Passion, auteurs, compositeurs, artistes, « qui ont besoin d'un patronage et d'un concours, doués d'in-
» telligence et abandonnés, qui, se sentant quelque chose à la tête ou
» au cœur, ne peuvent l'en faire sortir... sort misérable qui corrom-
» prait et pervertirait des anges! »

L'Évangile a dit :

« Frappez, et l'on vous ouvrira! »

Nous frappons,

Ouvrez-nous!

XI

Et maintenant, si quelqu'un me demande : « Qui donc es-tu pour oser remuer de si grosses affaires ? »

Je ne suis rien qu'un petit auteur-journaliste, dédaigné et meurtri.

Mais si mon insignifiante personnalité doit être un obstacle au succès de ce que je tente, que de plus illustres, de plus puissants, de plus dignes se joignent ou se substituent à moi.

Je cherche seulement, — avec l'humble résignation et le stoïque dévouement du simple soldat qui s'immole, sans plainte et sans bruit, à la gloire d'un chef et au triomphe d'une armée, — la réussite d'un projet possible, utile et honnête.

Il me suffira de l'avoir conçu.

Et d'ailleurs, après quinze ans de luttes, ce n'est pas d'aujourd'hui que j'ai appris à traduire et à commenter le *Sic vos non vobis* du poëte.

EUGÈNE AUDRAY (DESHORTIES).
Licencié ès-lettres.

APPENDICE

N° 1

Extrait de la double demande en autorisation adressée à S. Exc. le ministre de l'Intérieur et à S. Exc. le ministre d'Etat.

Monsieur le Ministre,

J'ai l'honneur de solliciter de Votre Excellence l'autorisation d'organiser *une Loterie pour toute la France.* . . . .
. . . . . pour fonder à Paris un THÉATRE DES JEUNES AUTEURS ET COMPOSITEURS.

Par son but honorable, cette Loterie rentre donc dans l'exception faite par la loi en faveur des Loteries de bienfaisance et des Loteries artistiques.

. . . .
Sans doute, le gouvernement n'a besoin de personne pour créer et soutenir un théâtre des jeunes auteurs et compositeurs ; mais est-il juste de lui imposer cette nouvelle dépense et d'exiger toujours tout de lui, comme s'il était seul responsable de toutes les imperfections et de toutes les iniquités sociales ?

La combinaison que j'ai l'honneur de soumettre à Votre Excellence pourvoirait au mal et comblerait des vœux tant de fois formulés, sans demander de sacrifices ni à l'Etat ni aux particuliers. . . . . . .

Elle répond peut-être aux idées protectrices et sagement libérales du gouvernement impérial, qui a ouvert le Palais de l'industrie, institué le prêt au travail, etc. . . . .

C'est ici une œuvre nationale, unanime, un encouragement donné par l'Etat, par les premiers citoyens et par tous les Français à la jeunesse studieuse, intelligente, dévouée aux lettres et aux arts.

Aussi cette Loterie ne pourra être cédée à un spéculateur ; elle ne pourra être détournée de sa destination ; elle sera organisée, administrée, surveillée..... *il faut qu'elle soit entourée de toutes les précautions matérielles, intellectuelles, morales.* . . . .

. . . .

N° 2

Depuis que mon travail est fait, il s'est produit *trois incidents remarquables* qu'il est utile de rappeler :

1° L'autorisation accordée par l'EMPEREUR *aux artistes éliminés par e jury de l'Exposition des beaux-arts d'en appeler au jugement du public.*

Il y a là un précédent et une analogie dont je prends acte, en rappelant toutefois que le *Théâtre des jeunes auteurs et compositeurs*, asile naturel des œuvres dédaignées ou refusées ailleurs, ne saurait être obligé à *recevoir et à jouer*, mais seulement à *lire et à juger* les manuscrits présentés, *pour n'admettre que ceux qui, soumis à un triple contrôle, auront positivement une valeur.*

2° La proposition faite par M. FIORENTINO, dans son feuilleton théâtral du journal LA FRANCE *d'imposer aux directeurs l'obligation de jouer,* chaque année, *un certain nombre d'auteurs nouveaux*, et de leur confier, de préférence, certaines œuvres dramatiques.

M. F. SARCEY, tout en faisant, selon moi, une trop large part aux droits et aux intérêts commerciaux des entrepreneurs dramatiques, et en les assimilant faussement à ceux qui font un trafic exclusivement matériel, a néanmoins bien critiqué les louables mais chimériques idées de son confrère, et montré tout ce qu'elles ont d'impraticable.

3° L'institution d'une *Caisse de prêts d'honneur*, au capital de cent mille francs, projetée par M. E. LEGOUVÉ, en faveur des auteurs débutants.

Cette création, qui s'appuie du moins sur une réalité, le capital, serait encore impuissante, sans le théâtre que je réclame.

En effet, faire des avances aux jeunes littérateurs, c'est leur donner le précieux moyen de vivre et de travailler, sans être arrêtés par la misère ou par le découragement, et sans avoir recours à l'usure ; mais cette paternelle assistance ne leur assure point le placement de leurs œuvres ; ils n'en seront pas plus représentés ou édités.

Il en résulterait nécessairement qu'à une certaine époque tout le capital de la Caisse serait engagé et distribué en prêts, sans qu'on pût exiger de remboursements.

L'institution n'aurait donc profité qu'aux premiers emprunteurs et ne pourrait rien pour les autres. — ou, en vue de l'inconvénient que je signale, elle ne fonctionnerait jamais qu'imparfaitement, avec de continuelles restrictions et une parcimonie qui ne produiraient aucun des résultats espérés.

N° 3

Dira-t-on que l'ODÉON actuel est déjà un *Théâtre de jeunes auteurs ?*

Il devait l'être, dans la pensée qui a présidé à sa création ; il ne l'est plus depuis longtemps, en dépit de quelques exceptions.

D'ailleurs, il est voué *à un genre unique*, et ne peut conduire directement ses auteurs qu'au Théâtre-Français, au Gymnase, au Vaudeville.

Combien parviennent à ces destinations ?

Ma mémoire en nomme deux en dix ans :

Louis BOUILHET, joué *une fois*, sans grand éclat, dans la maison de Molière.

Victorien SARDOU, qui triomphe partout, et qui n'a jamais eu à l'Odéon qu'*une chute* retentissante, dont il se consola vite, — car il se sentait fort ! — mais dont il mit SIX ANS à se relever.

Il est juste, il est sage d'habituer les jeunes aux obstacles et aux luttes.... pourvu qu'on ne leur coupe point bras et jambes, comme on le fait aujourd'hui.

La mesure que je propose, si facile à prendre, accélèrerait un bien nécessaire, urgent, une réparation légitime, une solution réclamée avec instance par les débutants, les oubliés, les dédaignés.

N° 4

Un théâtre des jeunes auteurs suffira-t-il à la variété et à la quantité de productions ?

Oui, pour tenter prudemment l'expérience ; *non*, si cette expérience réussit.

Que les auteurs qui se plaignent, avec raison, de manquer aujourd'hui de place, d'air et de lumière, prouvent par leurs pièces représentées qu'ils ont du talent, qu'ils sont dignes d'exister et sont capables de grandir, et l'on pourra plus tard ouvrir *un second théâtre*, dans les mêmes conditions que le premier, et qui compléterait et étendrait heureusement son œuvre.

Et alors, si les jeunes auteurs et compositeurs ne sont pas satisfaits, ils seront bien difficiles, et certains exemples d'avidité et d'accaparement les auront singulièrement pervertis.

Il est vrai que les trop grandes et trop longues privations engendrent d'insatiables besoins et des appétits féroces.

N° 5

Je ne veux faire aucun parallèle brutal, aucune allusion douloureuse, surtout au lendemain d'un deuil.

Mais il me sera permis de dire qu'une loterie en faveur de la jeune littérature représentée par *des centaines d'écrivains et qui doit assurer leur avenir*, est aussi légitime, aussi morale, aussi sympathique que la loterie dernièrement autorisée au profit *d'une* grande *individualité* de notre poésie moderne, *pour racheter les fautes ou les imprévoyances du passé*.

Si illustre que soit un homme, il n'est pas à lui seul plus intéressant ni plus méritant que toute une légion laborieuse.

La *loterie de Saint-Point* a été une spéculation dont le bénéfice le plus net reste à un trafiquant.

La *loterie des Jeunes Auteurs* sera une opération profitant à tout le monde, souscripteurs et jeunes littérateurs.

N° 6

Il est évident que l'heure est propice à de sérieuses et opiniâtres tentatives.

Si depuis trois ans je m'occupe de cette question, sans réussir à attirer sur elle l'attention dont elle est digne, plusieurs symptômes m'encouragent et me rassurent aujourd'hui, et j'ai la conviction que ce nouvel effort ne sera pas absolument stérile, si tous ceux qui peuvent le féconder font cette fois leur devoir.

En présence de cette pacifique et honorable coalition, le gouvernement — s'il ne croit pas opportun d'accueillir nos idées — ne refusera pas de donner ses raisons et de témoigner, par un acte quelconque, de sa bienveillance envers la jeune littérature et de sa sollicitude pour l'art dramatique.

A défaut d'une plus complète réussite, ce sera toujours là un premier avantage et on devra se féliciter de l'avoir obtenu.

Extrait du journal *Le Corsaire* n°ˢ 48, 49, 51, 52, 53, année 1861.

THEATRE DES JEUNES AUTEURS

HUMBLE REQUÊTE A M. LE MINISTRE D'ÉTAT

A M. CAMILLE DOUCET
Chef de la division des théâtres.

Exposé.

Je viens demander un THÉATRE POUR LES JEUNES AUTEURS.
J'essayerai :
De dire ce que sont les jeunes auteurs ;
De prouver qu'il leur est presque impossible de produire leurs œuvres ;
De légitimer la création d'un théâtre spécial ;
De démontrer la facilité et l'utilité de cette création.
Je ne suis ni un utopiste, ni un émeutier.

Je ne me crois pas appelé à faire la besogne des ministres en réformant et en décrétant pour eux.

Je n'attends de mon initiative ni honneur ni profit personnels.

Et je me fais un devoir de soumettre tout d'abord une question si féconde en aperçus et en résultats à l'homme généreux et distingué qui me paraît, par les qualités de son cœur et de son esprit, le plus apte et le plus enclin à la saisir, à l'étudier, à la résoudre.

J'espère ainsi qu'on me pardonnera d'avoir osé la soulever, et qu'on n'accusera point de vanité ridicule celui qui n'a que de la bonne volonté.

. . . .

A qui faut-il appliquer cette désignation de *jeune auteur ?*

A celui qui, quel que soit son âge, *n'a jamais été joué.*

Pour beaucoup, hélas! cela équivaut, on le sait, à *n'avoir jamais été lu.*

A celui encore qui, faute de mieux, a pu... le diable sait à quelles conditions! se faire jouer un ou deux actes sur une scène secondaire, et est menacé de languir à perpétuité dans ces basses régions.

Mais il en est parmi ceux-là qui, sans énergie, sans talent, sans ambition littéraire, ont frappé, de parti pris, aux portes des petits théâtres, et ont usé d'intrigues pour s'y établir, et s'y livrer, au prix de transactions illégales, à une véritable exploitation.

Ils ont ainsi perdu ce titre intéressant de jeunes auteurs et déserté, dès leurs premiers pas, le rude chemin de l'art pour marauder sur la grande route du métier.

Enfin, j'appelle jeunes auteurs ceux qu'un coup de fortune, une erreur ou un caprice de directeur (il y a plusieurs exemples de ces trois possibilités) laisse se glisser, un beau soir, sur nos grandes scènes; mais qui expient ensuite, par plusieurs années d'oubli et de dédain, cette chance inespérée.

Combien de débutants, joués une fois à l'Odéon, par exemple, ou se morfondent en attendant là un second tour, ou se présentent inutilement ailleurs, et ont encore besoin d'aide et de protection!

Je n'ai pas besoin d'avertir que ce titre de jeunes auteurs désigne aussi bien les compositeurs de musique que les écrivains.

Ainsi, trois catégories de jeunes auteurs auraient accès au théâtre spécial que nous demandons :

1° Les auteurs *inédits ;*

2° Les auteurs joués, *en désespoir de cause,* sur les scènes inférieures;

3° Les auteurs joués *par hasard* sur les grandes scènes.

. . . .

J'ai dit qu'il est presque impossible aux jeunes auteurs de faire représenter leurs pièces, et ce mot *presque* est de ma part une concession aux bienséances oratoires.

Certes, j'aurais beau jeu à retracer les péripéties tragi-comiques réservées à l'auteur et à son manuscrit dans nos théâtres parisiens.

Les épreuves commencent pour nous *dans la loge du portier* et finissent à peine dans le cabinet du directeur... si toutefois nous y parvenons, à travers les défilés de ces sombres régions et les précipices semés sous nos pas.

Sans doute, quelques directeurs sont trop habiles diplomates pour ne point sauver les apparences, ou assez honnêtes gens pour remplir strictement leurs obligations.

Ils ont une coquetterie administrative qui ne leur permet pas de négliger les manuscrits déposés chez eux, parce que cette négligence ferait tort au bon ordre et à la bonne réputation de leur commerce.

Donc, après un temps plus ou moins normal, qui varie de six semaines à six mois, ils vous retournent *proprio motu* votre manuscrit soigneusement roulé, enveloppé, cacheté avec un compte rendu ou une lettre.

Quelle qu'en soit, au reste, la rédaction, trois formules composent invariablement ce document, chef-d'œuvre de politesse officielle :

Première formule : Pour les pièces d'intrigue : « Sujet original et scènes bien conduites ; *mais...* le dialogue est faible et le style défectueux ! »

Deuxième formule : Pour les pièces de dialogue : « Beaucoup d'esprit, trop d'esprit, style heureux ; *mais...* ce n'est pas une pièce ! »

Si par hasard vous avez fait et écrit une pièce, ce qui peut bien vous arriver, sans que le brave directeur éprouve pour cela le besoin ou le désir de la jouer...

Troisième formule : « L'œuvre est parfaitement réussie ; *mais...* elle ne convient pas au genre que j'exploite ! »

Je ne connais pas un chef-d'œuvre du théâtre ancien ou moderne, qui puisse résister à l'une de ces trois fins de non-recevoir... à plus forte raison ton timide et ignorant essai, ô jeune et naïf débutant !.....

Enfin, une fois sur cent, tel directeur aux abois, ou mis en demeure par de hautes influences, ou pris au piége par un ami (mettons *une amie* pour tout dire), ou servi par le hasard, lit, reçoit et joue la pièce d'un inconnu.

Cette petite aventurière réussit et fait de l'argent. Notre marchand, mis en goût, retourne naturellement chez ce nouveau fournisseur... et voilà un jeune auteur lancé !

Chacun de s'extasier et de louer... le directeur qui a couru de pareils risques. Et les sournois de dire à la foule des débutants : « Plaignez-vous donc ! il n'y en a que pour vous ! »

Ils savent bien que ce triomphateur d'hier a langui six ans et souvent plus en attendant cette heureuse occasion ; qu'il a failli mourir de faim ou de chagrin, et que pour un qui finit par pousser, il en est cent qui végéteront toujours.

N'importe, il leur plaît que l'exception soit la règle, et ils ont les moyens de le persuader au public trop crédule, et ils prétendent étouffer nos protestations et nos plaintes, en jetant aux échos les noms de Sardou, de Meilhac, de Rolland et de quelques autres.

Ce ne sont, la plupart, que des martyrs parvenus. Ils n'ont fait qu'un tour de gril, voilà tout.

S'il m'était permis de raconter leur histoire et de rétablir la vérité des faits, on verrait ce qu'il faut rabattre du bonheur de ces aimables et courageux confrères, dont les succès doivent réjouir tout cœur loyal.

Ils les ont bien mérités. Puissent-ils les soutenir et les porter plus haut encore !

C'est à nous de les y aider par nos sympathies et nos sincères appréciations.

A eux de venir témoigner en notre faveur et de nous frayer un chemin moins ardu.

Je n'hésite pas à déclarer que la lente et pénible réussite de ces glorieux frères est le plus fort argument de ma cause.

Oui, la lutte est salutaire, elle aguerrit et vivifie l'esprit, mais à la condition de n'être pas trop continue ni trop cruelle, sinon elle épuise l'athlète, et le jour de sa victoire n'a pas de lendemain.

Quand je songe aux obstacles qu'ont dû surmonter ces rares élus de notre légion, avant de remporter le prix, j'ai une crainte douloureuse qu'ils manquent d'haleine et tombent ensevelis dans leur triomphe, parce que l'heure de ce triomphe aura sonné trop tard pour eux!

— Que voulez-vous donc? me dira-t-on.

Au nom de cette jeunesse éprise des lettres et des arts, non comme instrument de fortune et de jouissance, mais comme apanage d'un esprit libéral et de l'intelligence agrandie par l'étude; au nom de ces membres vigoureux quoique dédaignés du corps social, qui croient à la légitimité de la profession de gens de lettres et d'artistes dans un pays civilisé, et qui ont droit à l'attention de l'Etat, parce qu'ils peuvent ainsi faire œuvre d'hommes et de citoyens, je réponds :

Nous voulons travailler en vue d'un résultat, et vivre de notre travail s'il est reconnu utile et réel.

Nous voulons, en conséquence, que ce résultat soit possible et que ce travail soit jugé.

Nous voulons un lieu d'exposition de nos produits, sans en récuser l'examen préalable. . . . .

Or, je dis que ce lieu d'exposition nous manque.

Il est envahi :

Par les auteurs à blasons, à fonctions, à millions ;

Par les auteurs à chevrons et en renom.

Qu'y faire, monsieur? Vais-je nier les supériorités du rang, de la fortune, du talent, du succès?

Je serais un niais ou un drôle. Ce n'est point là ma pensée.

J'irai de grand cœur vous applaudir, en disciple joyeux du mérite de son maître, au Théâtre-Français; j'applaudirai même M. Mocquard au Cirque, M. Poniatowski aux trois Opéras, M. de Saint-Rémy aux Bouffes, M. d'Ennery partout, quand les œuvres signées de ces noms seront bonnes et ne se produiront pas aux dépens de pauvres diables, chassés comme des chiens galeux par les directeurs, tout fiers de jouer des princes et des dignitaires.

Apportez sur nos scènes, puissants du jour, les fruits de vos studieux et honorables loisirs; mais reconnaissez que la place est désormais trop petite, élargissez-la.

Créez pour nous un asile !

DONNEZ UN THÉÂTRE AUX JEUNES AUTEURS !

Cela mettra tout le monde à l'aise.

. . . .

Projet d'organisation.

L'œuvre du *Théâtre des Jeunes Auteurs*, approuvée par l'Empereur, est placée sous le gracieux patronage de S. M. l'Impératrice.

Protégée, en outre, par les hauts fonctionnaires et les grands dignitaires de l'Empire, par l'Institut de France et par les premiers magistrats de la ville de Paris, cette œuvre doit naître, grandir et prospérer sous la tutelle de M. le ministre d'Etat et être l'objet de la sollicitude du chef de la division des théâtres.

Elle est entreprise par *cent membres fondateurs* volontairement recrutés parmi les privilégiés de la naissance, du rang et de la fortune.

MM. le duc de Morny, Mocquard, le prince Poniatowski et leurs pairs, *auteurs et compositeurs dramatiques* HORS DU DROIT COMMUN, *tiennent à honneur de s'inscrire les premiers sur cette liste.*

Ces cent membres fondateurs se chargent d'aplanir toutes les difficultés administratives que cette création pourrait rencontrer, d'obtenir pour elle l'autorisation nécessaire.

Réception des pièces.

1. Fins de non-recevoir : ignorance de la langue, du style, de l'histoire, des éléments scéniques, plagiats, genres interdits ;
2. Collaboration proscrite pour les œuvres en vers.
3. Sévérité nécessaire et salutaire, mais raisonnée et justifiée : aider et encourager ceux qui peuvent, — détromper et décourager les impuissants.

. . . .

Des droits des auteurs.

L'auteur qui débute ne saurait prétendre à la fois à l'honneur et à l'argent, sous peine d'être plutôt un homme d'affaires qu'un homme de lettres.

Dans ce cas, il restera toujours libre de tenter la chance et de courir les aventures, mais sans pouvoir réclamer ni aide, ni protection.

Le *Théâtre des Jeunes Auteurs* n'est pas un marché, ni une Bourse dramatique.

Il est créé, avant tout, pour donner aux débutants leur part du soleil de la publicité.

. . . .

Clauses réservées.

Tout n'est pas dit encore, il reste à discuter :

— Le nombre d'œuvres *inédites* que le *Théâtre des Jeunes Auteurs* pourrait *recevoir* et devrait *jouer* chaque année ;

— Les moyens de remédier à un encombrement possible, et jusqu'à un certain point désirable ;

— Les règles à poser pour assurer le tour de chacun ; pour déterminer le maximum des œuvres qu'un même auteur serait en droit de faire recevoir et jouer dans l'année ; pour empêcher absolument le monopole d'un ou de quelques-uns au détriment du plus grand nombre, comme cela a lieu ailleurs ;

— Le moment précis où le jeune auteur tiré des limbes pourrait être ensuite non renié, car des liens indissolubles et glorieux l'attacheront toujours à son berceau, mais abandonné à lui-même et aux chances communes.

Conclusion.

. . . .
La création d'un *Théâtre des Jeunes Auteurs* ferait honneur au gouvernement, au ministère d'État et à vous, son digne mandataire auprès des écrivains et des artistes.

Elle fournirait à MM. de Morny, Mocquard, Poniatowski... l'occasion qu'ils doivent désirer de se faire pardonner des fantaisies un peu égoïstes et des succès trop faciles.

Elle légitimerait l'indifférence et le sans-façon que MM. les directeurs professent généralement à notre égard.

Elle ranimerait parmi les jeunes adeptes de la littérature et de l'art le culte du beau, la foi dans le bien et l'étude du vrai.

Cette création doterait la littérature dramatique, si dégénérée, d'une école, d'un conservatoire, d'une pépinière.

. . . .
Au barreau, les grands avocats forment des stagiaires ; dans la médecine, les princes de la science sont entourés d'élèves ; nos peintres et nos sculpteurs de talent sont fiers de tenir école ; — le tailleur, le maçon, le cordonnier, ont des apprentis.

Dans la littérature, il n'y a ni patrons, ni clients ; la devise est : « Chacun pour soi ! » Il y règne une hostilité, une défiance permanentes qui engendrent l'égoïsme d'un côté, l'ingratitude de l'autre.

Certes, je serais injuste, je serais ingrat si je ne déclarais pas hautement que, dans cette bande de loups dépeints à l'avance par La Fontaine, il y a de généreuses natures qui encouragent, consolent et soutiennent les débutants.

Mais ici encore l'exception confirme la règle.

Tel auteur rassasié de succès et d'argent, donnant cinq actes qui font recette, stipule, avant tout, l'exclusion des autres, et aimera mieux, pour compléter le spectacle, faire jouer devant les banquettes un acte cacochyme et bicentenaire qui n'ajoute rien à sa gloire, que de laisser un jeune confrère ramasser quelques miettes du festin que ce Gargantua prétend dévorer seul.

Il consentira, pour favoriser l'exhibition d'un beau décor, le jeu d'un truc et les lubricités de quelques drôlesses, à bousiller et à signer une inepte rapsodie qui vaut bien 100 francs... mais lui en rapportera 100,000. . . . .

Que la république des lettres devienne une famille organisée, unie, solidaire, les anciens voudront mériter le respect des jeunes et se respecteront eux-mêmes.

Ils accepteront des devoirs comme consécration de leurs droits.

Une féconde émulation régnera parmi nous tous et tournera à l'avantage de la littérature.

Ce genre de spectacle où tout est donné aux yeux et aux sens sera peu à peu répudié. Il ne se produira plus que rarement, surabondance de sève chez les uns, regain de folle humeur chez les autres, toujours excusable par l'originalité, l'esprit, la gaieté, et par ce besoin de s'épanouir la rate qui tourmente parfois les plus sages.

Le *Théâtre des Jeunes Auteurs* sera donc éminemment utile.

Non-seulement il rétablira l'équilibre nécessaire entre la production et la consommation, mais, sous votre habile impulsion, il sera, monsieur, un frein salutaire et un puissant aiguillon.

Qu'il se dresse et dise aux théâtres et aux auteurs faisant actuellement la loi :

Me voici, prêt à vous suivre ou à vous dépasser.

C'est votre affaire !

La conscience et la dignité littéraires ont été remplacées par l'avidité et l'insolence.

Le matamore *don Gormaz* a supplanté et souffleté le vieux *don Diègue*...

Il est temps d'armer *Rodrigue* et de voir s'il a du cœur !

S'il en manque, il sera hué et ne pourra plus faire le fanfaron. Ce sera justice !

Mais, morbleu ! s'il tue don Gormaz... tant pis pour don Gormaz. Il l'aura bien mérité !

E. A. D.

— 23 —

Pendant l'impression de ce mémoire, de nombreuses adhésions ont déjà récompensé mes efforts.

On lira avec plaisir la lettre suivante que M. VICTORIEN SARDOU m'a fait l'honneur de m'écrire.

Elle est courte, mais précise et spontanée.

« Louveciennes, 1er juin 1863.

» Mon cher confrère,

» J'ai trouvé votre idée fort bonne, et je lui garantis, à elle et à son auteur, toute ma sympathie, tout mon zèle et toute mon aide, si vous faites jamais appel à tout cela.

» Je serai trop heureux de voir entrebâiller pour d'autres la terrible porte que j'ai eu, pour ma part, tant de peine à forcer.

» J'espère bien vous revoir quelque jour, et jusque-là je vous renouvelle l'assurance de mon entier dévouement à votre cause.

» Votre dévoué,

» VICTORIEN SARDOU.

Paris. — Imprimerie Parisienne. — DUPRAY DE LA MAHÉRIE, boulevard Bonne-Nouvelle, 20
Impasse des Filles-Dieu, 5).

www.ingramcontent.com/pod-product-compliance
Lightning Source LLC
Chambersburg PA
CBHW070450080426
42451CB00025B/2521